Dr. Léopold Mandeng

Le chrétien et la sorcellerie

Dr. Léopold Mandeng

Le chrétien et la sorcellerie

Une contribution à notre Société, prise entre les feux de l'intelligence artificielle et le salut de l'âme

Éditions Croix du Salut

Imprint

Any brand names and product names mentioned in this book are subject to trademark, brand or patent protection and are trademarks or registered trademarks of their respective holders. The use of brand names, product names, common names, trade names, product descriptions etc. even without a particular marking in this work is in no way to be construed to mean that such names may be regarded as unrestricted in respect of trademark and brand protection legislation and could thus be used by anyone.

Cover image: www.ingimage.com

Publisher:
Éditions Croix du Salut
is a trademark of
Dodo Books Indian Ocean Ltd. and OmniScriptum S.R.L publishing group

120 High Road, East Finchley, London, N2 9ED, United Kingdom
Str. Armeneasca 28/1, office 1, Chisinau MD-2012, Republic of Moldova, Europe
Printed at: see last page
ISBN: 978-620-6-17074-7

<u>EPIGRAPHE</u>

"C'est pourquoi je cours les yeux fixés sur le but ; c'est pourquoi je suis comme un boxeur qui ne frappe pas au hasard. Je traite durement mon corps et je le maîtrise sévèrement, afin de ne pas être moi-même rejeté après avoir prêché aux autres''.

1 Cor 9, 26-27.

DÉDICACES

Nous dédions ce modeste travail à :

À notre feue mère de regretté mémoire MEMBOU SIPOUWA Augustine.

À notre feu père de regretté mémoire MANDENG BILIM David Jonathan.

À nos sœurs Édith et Françoise MANDENG, à leurs époux et enfants.

À ceux qui nous ont quittés, non sans avoir laisser la marque de leur passage dans ce monde, mais aussi dans nos cœurs. Nous pensons précisément à la regrettée Maman MOULIOM Jacqueline, qui pour nous a été au-delà du soutien financier, une mère, une conseillère. Nous n'oublierons jamais le regretté Dr Éric de Putter, qui a accepté les échanges assez durs et ô combien difficile qu'il pouvait entretenir avec nous.

Pourtant nous mettrons ici en avant le Dieu Créateur qui lui-même est notre Créateur et Père Éternel. Pour ce fait, nous n'avons qu'à contempler tout autour de nous, la structure, le rythme, et l'évolution du monde et de l'univers, qu'il a eu soin de former de ses propres mains.

Nous remercions Jésus-Christ notre Seigneur et Sauveur qui nous a rempli de force pour notre tâche durant ces années en préambule.

<u>REMERCIEMENTS</u>

Avant toute chose, nous voulons reprendre ces propos de l'Apôtre Paul à son fils Timothée : « Je remercie Jésus-Christ notre Seigneur qui m'a rempli de force pour ma tâche. Je le remercie de m'avoir estimé digne de confiance et de m'avoir désigné pour le servir, bien que j'ai parlé contre lui autrefois, bien que je l'ai persécuté et insulté. Mais Dieu a eu pitié de moi, parce que je n'avais pas la foi et ne savais donc pas ce que je faisais » (1Tim, 12-13).

Nous nous en voudrions de taire certains noms sans lesquels, l'aboutissement de ce travail n'aurait été possible. Pour ce fait, nous voulons exprimer toute notre reconnaissance au Consistoires Eséka, Judée-Shalom et Yaoundé de l'E.P.C qui par les biais des Rév. Pasteur NGEND Jean Bosco, AWOUMOU Jean René, ONANA NKOA Didier, ASSIANG Léonard, ont soutenu notre vocation au Saint-ministère, en nous recommandant à l'UPAC, en Juillet 2010 pour nous abreuver à la Parole de Dieu. Ils furent un instrument entre les mains de Dieu.

Il importera davantage de présenter toute notre gratitude au Rév. Ekoka Molindo, Directeur de la Mission pour le District du Cameroun, en remplacement du Rév. Dr Nkemba Ndjungu, ancien Surintendant de la Mission de l'Église Méthodiste Unie au Cameroun, pour tout son soutien indéfectible, pour sa marque de confiance et tout le suivi dans lequel il nous a toujours accompagné. Partant de là, nous saluons toute ladite communauté pour l'accueil fraternel, et pour tout son soutien sur tous les plans. Toutes choses qui ont rendus possible l'élaboration du travail ci présenté.

Nous voulons aussi témoigner notre gratitude à l'administration de l'UPAC, à tous nos professeurs, personnels d'appui, pour leur encadrement durant notre formation. Nous nommons ici, le Très Rév. Dr Eugène ASSALÉ MBAM Directeur de notre travail, pour sa disponibilité et ses orientations. Son humilité et sa méthode de travail nous aurons beaucoup marqué. Par sa rigueur, il a cultivé en nous l'amour du travail bien fait et l'esprit de recherche, car il ne cessait de nous rappeler l'importance du service pastoral.

Nos remerciements vont également à l'endroit des familles qui nous ont soutenues dans ce travail, nous pensons notamment aux familles BENA, SCHROETER, NOAH pour leur soutien financier, pour leurs conseils et paroles aimables en notre endroit durant notre formation.

Aux paroisses Béthanie-Ekounou, Marie Gocker, Jourdain, et Nazareth pour leur encadrement spirituel durant notre formation.

À tous nos collègues de promotion, qui se sont plus montrés parents que collègues.

À tous nos amis.

Que tous ceux dont nous avons omis de mentionner les noms, de manière volontaire ou non, trouvent ici nos sincères remerciements.

<u>RÉSUMÉ</u>

Pour comprendre ce sujet, il faut dans l'introduction le mettre dans le contexte où nous sommes. Nous le constatons ici dans notre paroisse, dans la plupart de nos communautés chrétiennes et dans nos diocèses en Afrique, nous nous rendons compte que l'église est vivante et croissante. Chaque année il y a beaucoup de baptisés adultes comme jeunes, également beaucoup d'engagés ; mais ce que nous remarquons au-delà de cet engagement, c'est que la plupart de ceux qui viennent à l'église ont l'impression ou donnent l'impression d'être mal à l'aise. Nous constatons que même les gens que nous croyons être les premiers chrétiens , c'est-à-dire les plus engagés, lorsque les difficultés surgissent dans la vie, il y a une duplicité de comportements, une attitude double ; beaucoup de gens viennent à l'église et pratiquent des rites, participent aux célébrations , et en même temps quand les maladies, les échecs, les souffrances, les menaces commencent à peser sur eux, on les voit aller nuitamment ou de jour chez les féticheurs, chez les devins et les marabouts ; et on dit bien c'est vrai que nous sommes croyants, que nous sommes baptisés et que le Christ nous protège, mais après tout nous sommes africains. Ce mot africain, sous-entend que nous avons nos racines ; deux protections valent mieux qu'une, il vaut mieux être protégé par Jésus-Christ, par la puissance de l'Esprit Saint et en même temps par les esprits, les ancêtres. Alors cette situation nous interpelle et c'est pour cela que nous voudrions, étant donné que le fond de notre foi, qui fait la différence d'avec la plupart sinon d'avec toutes les religions qui nous entourent, c'est que, « Il n'y a de salut en aucun autre; car il n'y a sous le ciel aucun autre nom qui ait été donné parmi les hommes, par lequel nous devions être sauvés. ». *Actes 4, 12..*

<u>Mots clés</u> :

- Chrétien
- Sorcellerie
- Sorcier
- Foi
- Église
- Prière
- Salut

ABSTRACT

La charité est l'instrument contre la sorcellerie, nous l'avons dit. Mais, certains utilisent le bien matériel qu'on leur fait contre le donateur. Je sais que même si le sorcier peut utiliser le bien qu'on lui fait pour faire du mal à celui qui a fait le bien, ce qui est important ici, et c'est peut-être là que nous avons à grandir notre foi dans le conteste africain, c'est que la foi en Dieu et la vie de charité nous met en communion avec Dieu, quel que soit ce que l'on peut faire sur vous. Malgré l'acte de charité que vous avez posé, ce que le sorcier peut faire c'est de ruiner votre corps, mais il ne peut pas détruire la communion de vie que vous avez avec Dieu. La véritable victoire du croyant sur le sorcier, c'est de tout faire et cela malgré la souffrance que le sorcier peut lui imposer, qu'il ne rentre jamais dans la logique du sorcier. La première victoire et la véritable, c'est de dire, je demeure en communion avec Dieu et je continue de faire le bien. Même s'il arrivait que le sorcier ait une certaine victoire sur l'homme et qu'il meurt, la mort physique n'est pas une victoire. En fait au-delà de tout ce qui peut être détruit comme corps, ce que Satan, le diable (diabolaïm : c'est diviser) veut faire, c'est nous amener à aller vers lui par la peur et abandonner Dieu. Et c'est pour cela que même dans la mort du croyant qui est resté fidèle à Dieu, il y a une véritable victoire parce que le diable n'a pas réussi à le couper de Dieu, il est resté jusqu'au bout. Si vous faites le bien et que quelqu'un veut utiliser ce bien pour faire le mal, c'est maintenant lui de son côté, le mal qu'il fait avec ce que vous avez, comme dit Paul « Les charbons ardents qu'ils amassent sur sa propre tête », et c'est maintenant le jugement et pas plus tard. Celui qui rend en mal ce que vous lui avez fait en bien, celui-là se met en position négative et se détruit, le jugement est déjà prononcé par lui et pour lui. De façon contraire, quand vous voulez faire un don, il faut prier et demander à Dieu de bénir le don que vous faites pour que si quelqu'un veut le retourner contre vous, que cela ne soit pas retourné contre lui, mais que la grâce de Dieu neutralise cette force et que la personne puisse se convertir au besoin.

Mots Clés :

- Charité
- Souffrance
- Croyant

1. Ancien Testament

1S	:	1 Samuel
2S	:	2 Samuel
Dn	:	Daniel
Dt	:	Deutéronome
Es	:	Esaïe
Ex	:	Exode
Gn	:	Genèse
Jg	:	Juges
Jos	:	Josué
Jr	:	Jérémie
Lv	:	Lévitique
Ml	:	Malachie
Nb	:	Nombres
Ps	:	Psaumes
Jb	:	Job

2. Nouveau Testament

1Co	:	1 Corinthiens
1Tim	:	1 Timothée
Ac	:	Actes des Apôtres
Jn	:	Jean
Lc	:	Luc
Mc	:	Marc
Mt	:	Matthieu

3. <u>Autres</u>

A.T	:	Ancien Testament
Av. J-C	:	Avant Jésus-Christ
Ch	:	Chapitre
Dr	:	Docteur
Ed	:	Edition
E.P.C	:	Église Presbytérienne Camerounaise
fém	:	féminin
F.T.P.S.R	:	Faculté de Théologie Protestante et des Sciences Religieuses
F.T.P.Y	:	Faculté de Théologie Protestante de Yaoundé
ibid	:	ibidem (dans le même ouvrage ou passage)
m.	:	Masculin
N.T.	:	Nouveau Testament
Op.cit	:	Opere Citatum (ouvrage déjà cité)
p	:	page
Pl	:	Pluriel
pp	:	pages
Pr.	:	Professeur
pron	:	pronom
n.f.	:	nom féminin
Rév.	:	Révérend
sg	:	singulier
UPAC	:	Université Protestante d'Afrique Centrale
v	:	verset
vv	:	versets
vol	:	volume
KJV	:	King James Version

NJB	:	New Jerusalem Bible
NKJ	:	New King James
FBJ	:	French Bible of Jerusalem
TOB	:	Traduction Œcuménique de la Bible.
YHWH	:	Tétragramme Divin d'Adonaï.
ESPT	:	État de Stress Post Traumatique
TSPT	:	Trouble de Stress Post Traumatique
NET	:	Narrative Exposive Therapy

TABLE DES MATIERES

INTRODUCTION GENERALE

L'ambiguïté d'un concept entraîne des problèmes de définition. Ainsi, la sorcellerie se présente partout dans le monde mais sous diverses formes. La sorcellerie africaine, objet de notre étude, est très difficile à définir parce qu'elle intervient dans presque tous les domaines de la vie (travail, amour, sport, éducation, santé, etc.). La sorcellerie est définie par le dictionnaire français Larousse comme étant « une pratique magique en vue d'exercer une action, généralement néfaste, sur un être humain (sort, sortilèges, envoûtement, possession, etc.), sur des animaux ou des plantes (maladies du bétail, mauvaises récoltes, etc.) ». Cependant, en Afrique, les pratiques de sorcellerie visent à assouvir les besoins de l'homme afin de vivre en harmonie jusqu'à ce que mort s'en suive. La nature large de son champ d'étude fait que ces peuples d'Afrique font appel à tous les moyens (animaux, magie, astres, etc.). Ainsi, cette façon de se protéger ou de vouloir surmonter les problèmes du monde semble elle-même imposer le désordre dans la société.[1]

Ainsi, notre travail s'articulera autour des points suivants :

1. <u>Présentation du sujet</u> :
   Définir la sorcellerie et son contexte historique et culturel dans la Bible.
2. <u>Objectifs</u> : Analyser les textes bibliques pour comprendre la perception de la sorcellerie et les attitudes recommandées aux chrétiens.
3. <u>Problématique</u> :
   Quelle est la position biblique sur la sorcellerie et comment les chrétiens sont-ils appelés à réagir face à celle-ci ?

---

[1] Aïssatou NDOUR, 2021, *La représentation de la sorcellerie dans trois romans africains : Mistiriijo, la mangeuse d'âmes (Djaïli Amadou Amal), Les sorciers de Yoléla (Cheikhou Diakité), et Ces ténèbres-là (Bourama Basse)*.

Définition de la Sorcellerie et son Contexte Historique et Culturel dans la Bible

A. LE PHÉNOMÈNE DE LA SORCELLERIE

Qu'est-ce que la sorcellerie ? C'est la manipulation des forces occultes, des forces obscures de l'univers pour nuire à autrui. C'est l'art, la science, l'aptitude de faire le mal pour le mal. La sorcellerie désigne cet univers, cette ambiance du mal, du négatif, dont les personnes sont les animateurs et les responsables. Ainsi, le sorcier au sens strict désigne une personne foncièrement mauvaise, habitée par une force maléfique et dont le propre est de nuire aux autres en utilisant les forces qui sont en lui et dans l'univers. En fait, nous pouvons dire que la sorcellerie est un savoir, une technique et une éthique.

1. *Sorcellerie vue comme science :*

Le sorcier est une personne qui connaît l'univers et qui sait ce qui s'y passe, y compris ses lois. Il connaît le fonctionnement de l'univers et les forces secrètes qu'il contient.

2. *Sorcellerie vue comme technique :*

C'est la mise en mouvement de ces forces pour l'utiliser selon son objectif.

3. *Sorcellerie vue comme éthique:*

La sorcellerie est vraiment sorcellerie dans la mesure où ce savoir ou cette éthique est utilisée dans le sens de faire du mal. En dehors de cela on parle de magie blanche[2], c'est-à-dire les forces de la nature. Les forces à l'intérieur de l'homme sont utilisées pour amuser la galerie.

Exemple : La magie pour se déplacer dans les airs. Ce n'est pas encore la sorcellerie au sens strict du terme. Dans la mesure où cette technique et ce savoir-faire sont utilisés contre quelqu'un pour le mal, alors en ce moment on est dans le cadre de la sorcellerie.

---

[2] Sinsin Bayo, *le chrétien face à la sorcellerie et aux pratiques traditionnelles et modernes de protection,* www.evangelistefidele.com

B. LE CONTEXTE BIBLIQUE

La sorcellerie, dans le contexte biblique, fait référence à l'utilisation de pratiques occultes, magiques ou divinatoires pour influencer les événements, les personnes ou obtenir des connaissances cachées. Elle inclut des activités telles que la magie, la divination, la consultation des esprits et les enchantements.

Terminologie Biblique

1. Hébreu :

- כָּשַׁף (keshaph) : Utilisé dans l'Ancien Testament pour désigner la magie ou la sorcellerie (Exode 22:18).

- אוֹב (ob) : Esprit ou médium (Lévitique 20:27).

- יִדְּעֹנִי (yiddeoni) : Voyant ou nécromancien (Lévitique 19:31).

2. Grec :

- φαρμακεία (pharmakeia) : Utilisé dans le Nouveau Testament, souvent traduit par sorcellerie ou magie, impliquant l'utilisation de drogues ou de potions pour des pratiques occultes (Galates 5:20).

II.   CONTEXTE HISTORIQUE ET CULTUREL

1. Ancien Testament :

- Interdictions Strictes : La loi mosaïque condamne fermement la sorcellerie. *Exode 22:18* stipule : "Tu ne laisseras point vivre la magicienne." *Deutéronome 18:10-12* interdit toute forme de divination, de magie et de consultation des morts.

- Pratiques Païennes : Les nations voisines d'Israël, comme les Cananéens et les Égyptiens, pratiquaient couramment la sorcellerie, ce qui constituait une tentation constante pour les Israélites.

2. Nouveau Testament :

- Confrontation avec la Magie : Les apôtres et les premiers chrétiens rencontrent et dénoncent la sorcellerie. Un exemple notable est Simon le magicien dans *Actes 8:9-24*, qui cherche à acheter le pouvoir du Saint-Esprit.

- Élargissement du Terme : Dans le contexte gréco-romain, la sorcellerie inclut l'usage de potions, de charmes et de sorts, souvent associés à la médecine et aux rituels religieux.

IMPACT CULTUREL ET SPIRITUEL

A. Structure et principe de la sorcellerie

Le sorcier est l'individu qui s'investit totalement dans le mal et qui pour cela appartient à une société secrète, habituellement en lien avec le démon. Ainsi la sorcellerie s'acquiert de diverses manières, mais dans cette sorcellerie étant donné que c'est une société, il y a donc une hiérarchie. Les sorciers forment un groupe bien structuré où l'on évolue en grade suivant l'importance des pouvoirs acquis, et à partir d'une initiation dont le prix varie selon l'importance du grade. Il existe 32 degrés[3] en sorcellerie subdivisés en 2 groupes de 16 esprits. Le principe de la sorcellerie comme

---

[3] Sinsin Bayo, *le chrétien face à la sorcellerie et aux pratiques traditionnelles et modernes de protection,* www.evangelistefidele.com

vous l'imaginez consiste essentiellement à nuire aux autres. Son principe fondamental c'est faire le mal pour le mal tout en sachant que cela est mal et de façon consciente. Plus ce que vous faites est pervers, plus vous êtes authentiquement sorcier. C'est ainsi qu'une femme va prendre le sang de ses menstrues comme huile rouge pour griller ses alocos en disant : « que tout homme qui ne vient pas d'une femme ne vienne pas payer mes alocos » ; ou une femme voulant attacher son mari va se mettre nue sur la sauce bouillante et laisse tomber ses viscosités intérieures dans la sauce ; à la suite de cela il devient comme un chiot obéissant. La sorcellerie c'est vraiment l'univers de l'envers et c'est pour cela que le sorcier marche de manière générale sur les mains et agit la nuit au paroxysme des ténèbres, c'est la perversion radicale au point où il n'existe pas de bonne sorcellerie.

B. Comment s'acquière la sorcellerie ? Comment devient-on sorcier ?

☐ *Par hérédité*: On naît sorcier, c'est une puissance, ce sont des pouvoirs, une prédisposition dont on prend conscience en grandissant. Ce pouvoir inné peut être transmis dans le sein maternel. Mais l'on ne devient capable d'exercer ce pouvoir que lorsque l'on vous le révèle et qu'on fortifie ces forces.

☐ *Par révélation*: Dans ce cas, un maître sorcier qui a décelé des pouvoirs particuliers chez l'individu lui lave le visage et lui fait boire une boisson spéciale qui active et consolide ces pouvoirs. De manière pratique, un vrai sorcier, ayant décelé les pouvoirs de cet individu, lui donne de la viande et après consommation, ce dernier se rend compte de ses pouvoirs mais il doit rembourser la viande mangée avec un membre de sa famille.

☐ *Par achat*: L'intéressé donne au sorcier ou au groupe de sorciers un parent proche; l'adepte est invité au cours d'un repas pendant lequel on lui donne une substance qui lui donne envie de manger la chair humaine et de nuire à son entourage. La première des choses qu'on lui demande c'est d'offrir un parent proche qui lui est très cher, et il faut parfois que ce soit quelqu'un de très important sur qui tout le monde compte.

☐ *Par initiation involontaire*: L'on peut devenir sorcier par la consommation d'un produit ou généralement de la viande; et c'est ce qui arrive à des personnes à qui l'on donne à manger dans le sommeil.

C. Pourquoi la sorcellerie ?

La racine de la sorcellerie n'est pas du côté de Dieu. Les racines de la sorcellerie se trouvent dans les créatures : Satan et ses complices. Aussi ces racines sont fondamentalement dans l'homme. Dieu a créé la vie et a créé l'homme pour la vie et c'est toujours l'homme qui, utilisant mal les choses qui sont dans la nature, se rend coupable du mal qui est fait à autrui dans la société. C'est dans ce sens que nous croyons que les Africains pensent qu'il n'y a ni maladie naturelle ni mort naturelle, qu'il y a toujours quelque part la responsabilité de l'autre. Et d'ailleurs, les vieux dans leurs proverbes disent que chacun de nous est sorcier dans la mesure où dans notre cœur nous avons des pensées perverses. Parfois, vous avez quelqu'un à l'hôpital et subitement une idée vous traverse, vous vous dites : « mais est-ce qu'il n'est pas mort », c'est dire que l'assise de la sorcellerie se trouve dans l'homme.

D. Les raisons sociales de la sorcellerie

☐ ***Manque d'amour*** : La sorcellerie est toujours un acte de méfiance, elle est portée, suscitée et nourrie par la haine et par la jalousie.

☐ ***Le nivellement social***: Les sociétés africaines sont des structures communautaires, on vit ensemble et la sorcellerie est une forme de justice sociale. Elle est produite par une société qui refuse la diversité, la différence entre les personnes et qui pour cela élimine ceux qui veulent surpasser les autres ou émerger. Vous pouvez être au niveau de tous ceux qui sont au village ou dans la région, vous pouvez être en dessous, on ne vous en voudra pas, mais il ne faut pas émerger car celui qui émerge on le nivèle par le bas.

☐ ***La peur de l'autre*** : Nous, sociétés africaines, nous sommes marquées de part et d'autre par la peur. On pense toujours que l'autre est un danger potentiel et même notre soit disante solidarité ou communauté sont des calculs, car l'on se rend des services avec remboursement. La solidarité, l'hospitalité, le sens communautaire sont des jeux stratégiques. On a surtout peur de l'autre et de son émergence.

☐ ***La non-connaissance de DIEU*** : On dit habituellement que les africains sont des hommes très religieux, là encore en regardant notre société d'une manière critique, l'on se rend compte que nous connaissons DIEU certes, mais que cette relation n'est que stratégique. DIEU est connu comme un organisateur mais l'homme fondamentalement est laissé à lui-même et vit une sorte de peur, de peur ontologique et de peur dans l'être et dans la vie. Il se sent à découvert dans un monde hostile et tout ce qu'il organise depuis sa foi en DIEU jusque dans le culte des esprits, c'est faire alliance avec les forces cosmiques, les forces transcendantes, les forces de l'univers invisibles pour garantir sa sécurité. Pour cela, il n'a aucun sentiment pour ceux qui attenteraient à sa vie. Ainsi, lorsqu'un individu met un fétiche dans sa maison en disant: « Que tous ceux qui entreront dans cette maison et qui en voudront à ma vie, toi le fétiche, tues les, même que ce soit mon premier enfant peu importe». L'africain est tourné vers lui-même et le fait qu'il ne connaisse pas bien DIEU comme relation personnelle, pour lui, DIEU est loin et n'a pas de relation personnelle avec lui ; il est simplement celui qui intervient de temps en temps et de ce fait, il lui fait appel autant qu'il fait appel aux esprits et toutes sortes de puissances qui peuvent l'aider. Et si vous voyez bien les sources de sécurité que nous avons accumulées et qui se combattent entre elles. On peut aller chercher un fétiche puissant au Burkina comme on peut aller à Man ou à Touba et on les accumule, pourvu qu'on soit suffisamment blindé. **Nous n'avons pas de relation personnelle et sécurisante avec DIEU**. Le visage que nous avons de DIEU est un visage flou, telles sont, en général les raisons sociales de la sorcellerie.

E. Que font les sorciers ? comment agissent-ils ? comment atteignent-ils leurs victimes ?

Il y a des procédés :

☐ *L'empoisonnement* : Ils font appel aux forces de la nature comme le poison simple, Exemple la bile de caïman. Ils peuvent agir par contact invisible en entrant dans la maison de façon invisible ou peuvent aussi suivre tous vos mouvements à partir de l'endroit où ils se trouvent, au village ou ailleurs en regardant dans leur miroir magique. Il y a aussi des radars et donc dire que je ne vais pas au village, je suis ici tranquille, rassure psychologiquement mais sur le plan pratique cela ne gêne en rien votre destruction. Souvent ils entrent dans la maison et cela est ressenti par une présence froide ; ou vous dormez et vous avez un sentiment de lourdeur, vous voulez vous levez impossible, vous criez aucun bruit ne sort.

☐ *Les maléfices* : C'est le procédé par lequel l'on fait appel au démon pour nuire à une personne donnée. Le maléfice peut être un sort direct appliqué à la personne ; il peut être aussi indirect c'est-à-dire en agissant sur un objet.

Exemple : On peut prendre une poupée qui représente symboliquement la personne et pointer un clou dans la poupée, les mêmes douleurs sont ressenties par la personne. Ou on enroule une poupée dans une banderole et on la met dans une valise qu'on boucle avec un cadenas et c'est la personne qui vient d'être enfermée dans ses biens, dans son avenir à jamais. Comme aussi on peut mettre l'intelligence des enfants sous un caillou et tant qu'on n'a pas soulevé les cailloux l'enfant stagne. De l'argent aussi qu'on donne peut être utilisé pour briser votre pouvoir économique. Les chaussures, les cheveux et même les traces de pas. C'est aussi par un regard : Quelqu'un qui vous regarde de manière bizarre avec les yeux rouges ou vous impose les mains ; une incantation, un rite…. , tout ceci peut être utilisé pour faire du mal. Sur la personne, ils agissent par la manducation du double : c'est en ce sens qu'on dit que les sorciers l'ont mangé ; là aussi il faut comprendre l'anthropologie, la manière de comprendre l'homme par l'africain est que l'homme est représenté par la peau, la chair, l'apparence physique, l'ombre, le double du corps qui est le corps spirituel, la force physique, la force vitale et l'âme. Et dans tout cela, ce que le sorcier subtilise c'est la force vitale pour augmenter son potentiel de vie, et pour le faire, il transforme la personne en poulet ou en agouti et la mange.

Ils agissent aussi par la maladie ; on ruine cette dernière par la maladie et la personne passe son temps à se soigner, c'est l'annihilation existentielle c'est-à-dire on réduit la personne à rien, elle n'est pas morte, elle n'est pas vivante. Le blocage de l'intelligence, le blocage de l'avenir, la personne ne peut pas avancer dans la société, au travail, à l'école… Il y a également l'envoûtement où la personne peut devenir folle ou frappée de vagabondage. Il y a aussi les dépenses des biens, on troue la main ou la poche de la personne, et aucun bien ne reste, aucune réalisation possible. Les sorts ; le sorcier peut rendre la personne détestable, l'on est comme frappé par la haine des autres, l'on est détesté par tout le monde, au travail, au foyer… Le sort peut également obliger quelqu'un à devenir coureur de jupon ou coureuse de culotte. Instabilité conjugale, les séparations constantes avec apparition de mari ou de femme de nuit qui empêche parfois d'avoir des enfants.

F. Les moyens utilisés

Ils sont multiples : Le dédoublement : c'est la possibilité de sortir du corps, de laisser l'enveloppe du corps, de partir avec le double pour agir de manière invisible. ***L'usage de médium*** : On utilise des personnes qui, des fois, ne sont pas des sorciers pour en faire des chevaux. Exemple : Pour certaines personnes il arrive qu'au levé le matin, elles se sentent fatiguées avec des courbatures partout ou des jambes lourdes… c'est qu'il y a eu chevauchée nocturne.

Il peut arriver que le sorcier utilise des bêtes comme la guêpe, le serpent et en particulier les milles-pattes qui sont utilisés comme des TGV, les libellules utilisées comme des hélicoptères etc.

G. Quels sont les moyens de protections traditionnelles et modernes ?
a. Les moyens traditionnels :

Il y a les devins qui sont dans ce monde et qui voient comment ce monde fonctionne ; ces derniers donnent des puissances pour contrecarrer les sorts qui nous sont lancés.

Il y a les féticheurs et les fétiches : Le féticheur c'est celui qui se met du côté de la partie civile, qui se constitue donc en protecteur et qui est en lien avec les esprits capables de lutter contre les autres esprits. Ce sont eux qui nous font les ceintures de sécurité, les fétiches qu'on accroche dans les maisons et à qui nous donnons à manger.

Il y a les chasseurs de sorciers : Ce sont des hommes, des sorciers également qui ont pour mission d'aller contre d'autres sorciers et qui engagent parfois des combats titanesques, des combats à armes lourdes. Généralement, le chasseur de sorciers quand il saisit un sorcier, le marque d'un seau dans le monde de la sorcellerie.

Il y a les masques chasseurs de sorciers : Ils viennent dans le village et peuvent reconnaître non seulement les sorciers mais aussi déterrer toutes leurs armes.

Il y a aussi les médicaments de blindage, les contre-poisons, les médicaments contre les maléfiques, contre les accidents. Ce sont généralement des bagues. Il faut dire que ces médicaments sont à usage personnel.

b. Les moyens de protection moderne :

Pour avoir une protection, il y a beaucoup de personnes qui vont dans les associations exotériques comme la franc-maçonnerie, la rose-croix où justement des méthodes de méditation et même d'initiation vous sont enseignées ; méthodes, qui après, vous conduisent à une étape que vous ne maîtrisez plus et vous mettent en contact avec un monde invisible que vous ne pouvez pas contrôler. Il y a comme une sorte de puissances que vous avez pour maîtriser le monde autour de vous et entrer dans le monde astral. Vous pouvez diriger la pensée de quelqu'un. Ils font toujours leur méditation à la maison ou sur l'autel où personne ne doit y aller. Ces mouvements et associations permettent aujourd'hui aux cadres d'avoir une certaine assurance pour la domination sur l'ennemi ou pour être au-dessus de tous. Il y a aussi d'autres moyens qui sont proposés par des sectes ou par les églises africaines indépendantes où l'on dit: « Venez dans cette communauté et la lutte contre le démon sera une victoire » et pratiquement tout est infesté par le démon. Les gens pensent que les puissances du mal sont toujours à l'œuvre, jusque dans les moindres choses et que ce sont les parents qui sont porteurs du virus de la sorcellerie. L'on est constamment entrain de faire des prières de délivrance sur des personnes.

c. Les limites des moyens de protection traditionnelle et moderne sur le plan traditionnel :

• Quand on a des problèmes on est toujours tenté d'aller voir les parents au village en se disant « et puis après tout on veut la santé et DIEU ne peut pas être contre la santé quel que soit les moyens par lesquels on a cette santé ou cette réussite ». Ce que nous constatons, c'est qu'en utilisant ces moyens nous sommes dans cette sensation de peur permanente, créée par les moyens traditionnels. En allant chez le marabout ou chez le féticheur, il vous dira : « C'est un membre de votre famille pas trop grand, pas trop court, pas trop clair, pas trop noir qui vous veut du mal », et cela sème le trouble dans la tête ; quand vous arrivez à la maison vous commencez à voir les teints, à tirer les conclusions et les attitudes conséquentes.

• Climat de méfiance et règne de soupçon : On soupçonne même sa propre femme ou son propre mari et on préfère manger ce que sa bonne prépare et pas sa femme.

• La division et la haine

• La volonté de vengeance

• La ruine économique, parce qu'il faut consulter constamment

• La sécurité n'est jamais totale parce qu'on est toujours entrain de chercher le blindage le plus fort avec son cortège de totems.

• Le mal n'est jamais vaincu et en prenant des fétiches on se livre à des esprits, des alliances et beaucoup de personnes en paient aujourd'hui le prix. On se met dans un circuit d'esclavage, de prison et de chantage. ***Les féticheurs et les devins vers lesquels nous allons sont en fait les mêmes acteurs du monde du mal et ne font que reculer le délai de votre mort*** ; vous donnez un mouton, ils le donnent de l'autre côté.

A. SPIRITUALITÉ ET MORALITE

- Rébellion contre Dieu : La sorcellerie est perçue comme une rébellion directe contre Dieu et ses commandements. Elle implique souvent une dépendance à des forces ou des entités spirituelles autres que Dieu.

- Impureté Spirituelle : Les pratiques occultes sont vues comme une source de contamination spirituelle, éloignant les individus de la pureté requise par la loi divine.

A. RÔLE DES PROPHÈTES :

- Condamnation des Pratiques : Les prophètes de l'Ancien Testament, comme Ésaïe et Jérémie, dénoncent régulièrement la sorcellerie et appellent à la repentance.

- Exhortation à la Fidélité : Les prophètes insistent sur l'importance de rester fidèle à YHWH et de rejeter toutes formes de pratiques occultes.

La sorcellerie, dans la Bible, est fermement condamnée et associée à l'infidélité spirituelle. Elle est perçue comme une pratique païenne qui détourne les croyants de leur relation avec Dieu. Les textes bibliques insistent sur la pureté et la fidélité à Dieu, rejetant toute forme de magie, de divination ou de consultation des esprits. Cette perspective biblique sur la sorcellerie a influencé la théologie chrétienne et les pratiques religieuses à travers les siècles.

Analyse des Textes Bibliques pour Comprendre la Perception de la Sorcellerie et les Attitudes Recommandées aux Chrétiens

Les limites des groupes exotériques étant donc connu, à savoir, l'exaltation de l'homme et de son pouvoir, le pouvoir qu'on en acquiert est un pouvoir fragile. Vous pouvez faire une méditation transcendantale et entrez en contact avec les corps astraux mais si vous n'avez pas la maîtrise, vous signez des pactes avec les forces qui ne sont jamais clairement bien définis. Sauf les grands maîtres finissent par rencontrer le maître de l'occultisme. Après avoir subi ces initiations, il y a une étape de non-retour.

• Ce sont des primes magiques que vous recevez au lieu de s'offrir à la puissance de l'Esprit Saint.

Les textes Bibliques nous édifient en ces termes :

PROVERBES 28-31

1. Proverbes 28:4-5 :

- Texte : "Ceux qui abandonnent la loi louent les méchants, mais ceux qui observent la loi s'irritent contre eux. Les hommes livrés au mal ne comprennent pas ce qui est juste, mais ceux qui cherchent l'Éternel comprennent tout."

- Analyse : Ce passage met en contraste ceux qui abandonnent la loi de Dieu et ceux qui la suivent.

En effet, il se trouve des personnes qui se plaisent à observer la Loi de Dieu, parce que ces personnes respectent Dieu, et ont par conséquent la crainte de son Nom. C'est des personnes qui ont décidé de dédier leur vie au Seigneur.

À contrario, il y a plusieurs personnes qui suivent le Maître, non pas par amour pour Lui, mais par intérêt propre. Ces personnes sont prêtes à tourner le dos au Sauveur, à partir du moment où elles ne trouvent plus leurs intérêts à Le servir. C'est ainsi qu'elles se donneront aux premiers vendeurs d'illusion venus, sans scrupule ni regret.

Ceux qui abandonnent la loi louent les méchants, ce qui peut inclure les sorciers et les praticiens de l'occultisme.

En revanche, ceux qui suivent la loi de Dieu rejettent ces pratiques.

- Attitude recommandée : Les chrétiens doivent observer la loi de Dieu et rejeter les pratiques mauvaises, y compris la sorcellerie.

2. *Proverbes 30:5-6* :

- Texte : "Toute parole de Dieu est éprouvée ; il est un bouclier pour ceux qui cherchent en lui un refuge. N'ajoute rien à ses paroles, de peur qu'il ne te reprenne et que tu ne sois trouvé menteur."

- Analyse : La parole de Dieu est pure et fiable, et il est un refuge pour ceux qui cherchent en lui. Ajouter quelque chose à ses paroles, comme des pratiques occultes, est dangereux et mensonger.

- Attitude recommandée : ***Les chrétiens doivent se fier uniquement à la parole de Dieu et éviter d'ajouter des pratiques occultes ou magiques.***

Actes 6:8 - 9:31

1. Philippe à Samarie (*Actes 8:4-25*) :

- Texte : Simon le magicien étonnait les gens de Samarie avec ses pratiques magiques, mais lorsqu'il a vu les miracles accomplis par Philippe au nom de Jésus, il a cru et s'est fait baptiser. Cependant, il a voulu acheter le pouvoir du Saint-Esprit.

- Analyse : ***La confrontation entre Philippe et Simon montre que la puissance de Dieu dépasse celle de la sorcellerie.*** L'offre de Simon pour acheter le pouvoir du Saint-Esprit est sévèrement réprimandée par Pierre.

- Attitude recommandée : Les chrétiens doivent rejeter la sorcellerie et toute tentative de manipuler les dons spirituels. La foi en Jésus et l'obéissance à Dieu sont essentielles.

2. Conversion de Saul (*Actes 9:1-31*) :

- Texte : Saul, persécuteur des chrétiens, rencontre Jésus sur le chemin de Damas, se convertit et devient Paul, un fervent apôtre du Christ.

- Analyse : La transformation de Saul montre le pouvoir de Dieu de changer les vies. Après sa conversion, Paul rejette toutes les pratiques antérieures contraires à la foi chrétienne.

- Attitude recommandée : Les chrétiens doivent être prêts à abandonner les pratiques impies et à suivre Jésus de tout cœur.

3 Pierre

1. Mise en garde contre les faux enseignants (*2 Pierre 2:1-3*) :

- Texte : "Il y a eu aussi parmi le peuple de faux prophètes, et il y aura de même parmi vous de faux docteurs, qui introduiront des sectes pernicieuses, et qui, reniant le maître qui les a rachetés, attireront sur eux une ruine soudaine."

- Analyse : Pierre met en garde contre les faux enseignants qui introduisent des doctrines pernicieuses, y compris des pratiques occultes.

- Attitude recommandée : Les chrétiens doivent être vigilants et discerner les enseignements pour éviter de se laisser entraîner par des doctrines fausses et occultes.

2. Rejet des pratiques impies (*2 Pierre 3:17-18*) :

- Texte : "Vous donc, bien-aimés, qui êtes avertis, tenez-vous sur vos gardes, de peur qu'entraînés par l'égarement des impies, vous ne veniez à déchoir de votre propre fermeté. Mais croissez dans la grâce et dans la connaissance de notre Seigneur et Sauveur Jésus-Christ."

- Analyse : Pierre exhorte les croyants à être sur leurs gardes contre les pratiques impies et à grandir dans la grâce et la connaissance de Jésus-Christ.

- Attitude recommandée : Les chrétiens doivent rester fermes dans leur foi, éviter les pratiques impies et chercher à grandir spirituellement.

Les textes bibliques étudiés montrent une condamnation ferme de la sorcellerie et des pratiques occultes, les considérant comme des rébellions contre Dieu. Les chrétiens sont appelés à rejeter ces pratiques, à observer la loi de Dieu, à faire confiance en sa parole, à évangéliser ceux qui sont impliqués dans l'occultisme, et à croître spirituellement en restant fidèles à la vérité biblique. En suivant ces recommandations, les chrétiens peuvent vivre en conformité avec les enseignements de la Bible et témoigner de la puissance libératrice de Dieu.

La Position Biblique sur la Sorcellerie et la Réaction des Chrétiens

1. Condamnation Ferme :

- Ancien Testament : La loi mosaïque condamne strictement la sorcellerie. *Exode 22:18* déclare : "Tu ne laisseras point vivre la magicienne." *Deutéronome 18:10-12* interdit toute forme de divination, de magie et de consultation des morts, qualifiant ces pratiques d'abominations.

- Nouveau Testament : La sorcellerie est également condamnée dans le Nouveau Testament. *Galates 5:19-21* inclut la sorcellerie dans la liste des œuvres de la chair, incompatibles avec l'héritage du royaume de Dieu.

2. Rébellion contre Dieu :

- La sorcellerie est considérée comme une rébellion directe contre Dieu, car elle implique la recherche de pouvoir ou de connaissance par des moyens interdits par Dieu. Elle représente une forme d'idolâtrie, plaçant des forces occultes au-dessus de Dieu.

3. Impureté Spirituelle :

- Les pratiques occultes sont vues comme une source de contamination spirituelle. *Lévitique 19:31* avertit : "Ne vous tournez point vers ceux qui évoquent les esprits, ni vers les devins ; ne les recherchez point, de peur de vous souiller avec eux."

II. RÉACTION DES CHRÉTIENS FACE À LA SORCELLERIE

---

1. Rejet et Évitement :

- Les chrétiens sont appelés à rejeter fermement la sorcellerie et à s'en éloigner. *Éphésiens 5:11* dit : "Ne prenez point part aux œuvres infructueuses des ténèbres, mais plutôt condamnez-les."

- Cela implique de ne pas participer à des pratiques occultes, de ne pas consulter des médiums ou des voyants, et de ne pas utiliser des charmes ou des sorts.

2. Confiance en Dieu :

- Les chrétiens doivent placer leur confiance en Dieu seul pour leur protection, leur guérison et leur guidance. *Proverbes 3:5-6* : "Confie-toi en l'Éternel de tout ton cœur, et ne t'appuie pas sur ton intelligence ; reconnais-le dans toutes tes voies, et il aplanira tes sentiers."

- Cela signifie rechercher la direction de Dieu par la prière, la lecture de la Bible et l'obéissance à ses commandements.

3. Évangélisation et Prière :

- Les chrétiens sont appelés à évangéliser et à prier pour ceux qui sont impliqués dans la sorcellerie, afin qu'ils puissent connaître la vérité et être libérés. *Actes 26:18* décrit la mission de Paul : "les ouvrir leurs yeux, afin qu'ils se convertissent des ténèbres à la lumière et du pouvoir de Satan à Dieu, pour qu'ils reçoivent par la foi en moi le pardon des péchés et une part d'héritage avec les sanctifiés."

- Les croyants doivent prier pour la délivrance de ceux qui sont captifs des pratiques occultes et partager l'Évangile pour les guider vers la repentance et la foi en Jésus-Christ.

4. Utilisation du Discernement Spirituel :

- Les chrétiens doivent faire preuve de discernement spirituel pour identifier et résister aux influences occultes. *1 Jean 4:1* conseille : "Bien-aimés, ne vous fiez pas à tout esprit ; mais éprouvez les esprits, pour savoir s'ils sont de Dieu, car plusieurs faux prophètes sont venus dans le monde."

- Le discernement est crucial pour reconnaître les faux enseignements et les pratiques occultes qui peuvent se déguiser en apparence de piété.

La Bible condamne fermement la sorcellerie et toutes les pratiques occultes, les considérant comme des abominations et des rébellions contre Dieu. Les chrétiens sont appelés à rejeter ces pratiques, à placer leur confiance en Dieu, à évangéliser ceux qui sont impliqués dans l'occultisme, et à utiliser le discernement spirituel pour rester fidèles à la vérité biblique. En suivant ces principes, les chrétiens peuvent vivre en conformité avec les enseignements de la Bible et témoigner de la puissance libératrice de Dieu.

III. LES ARMES DES CHRÉTIENS CONTRE LA SORCELLERIE.

Une chose est sûre, les sorciers agissent, mais ils ne sont pas plus forts que Dieu.

1. Dieu constitue l'unique protecteur et sauveur des croyants. Dans l'église et selon la foi chrétienne, c'est Dieu lui-même qui personnellement protège le croyant et assure son salut. Pour le peuple d'Israël autrefois et pour les chrétiens d'aujourd'hui, la protection n'est pas assurée par autre chose, par un esprit, par une créature, mais par Dieu lui-même. On avait autrefois une ceinture qui, bien sûr serrait les reins, donc donnait un sentiment de sécurité, mais aujourd'hui c'est Dieu lui-même en personne qui assure notre sécurité de proximité. En effet, il est vain de compter sur une créature, de fonder sa sécurité sur un être de chair, c'est une illusion. Dans nos traditions, il est dit que le fétiche le plus puissant ne peut pas garder son propriétaire contre la mort ; quand on enterre ce dernier, le fétiche va en héritage à quelqu'un d'autre. Il faut compter sur le seigneur lui-même, telle est la grande recommandation du psalmiste, et je cite : « Ce n'est pas une grande armée qui sauve le roi, Ce n'est pas une grande force qui délivre le héros; Le cheval est impuissant pour assurer le salut, Et toute sa vigueur ne donne pas la délivrance. Voici, l'œil de l'Éternel est sur ceux qui le craignent, Sur ceux qui espèrent en sa bonté, Afin d'arracher leur âme à la mort Et de les faire vivre au milieu de la famine. Notre âme espère en l'Éternel; Il est notre secours et notre bouclier. Car notre cœur met en lui sa joie, Car nous avons confiance en son saint nom. Éternel! que ta grâce soit sur nous, Comme nous espérons en toi! » *Ps 33, 16-22*. Dieu est l'unique protecteur et sauveur des croyants, parce qu'il l'a promis et réalisé à la fois dans l'ancien testament et dans le nouveau. Comme il n'est pas un Dieu du passé, comme il n'est pas non plus un Dieu qui seulement a été fidèle autrefois, il est aussi un Dieu qui est et demeure fidèle dans ses promesses. Il ne laisse jamais ses amis dans la honte et dans l'impasse.

Promesses et actions de Dieu en faveur de ses fidèles. Dans l'ancien testament Lorsque Dieu dans sa bonté choisit librement Abraham, Il devient son protecteur, son avenir. Et voilà ce que Dieu dit : « Je ferai de toi une grande nation, et je te bénirai; je rendrai ton nom grand, et tu seras une source de bénédiction. Je bénirai ceux qui te béniront, et je maudirai ceux qui te maudiront; et toutes les familles de la terre seront bénies en toi. » *Gen 12, 2-3*. Nous reviendrons constamment à la bible et à la Parole de Dieu qui nous assurent que c'est Lui notre protecteur. Face à la souffrance du peuple d'Israël en Égypte, Dieu ne resta pas insensible. Il voit cette misère du peuple et descend pour l'en délivrer. Il dit à Moïse : « L'Éternel dit: J'ai vu la souffrance de mon peuple qui est en Égypte, et j'ai entendu les cris que lui font pousser ses oppresseurs, car je connais ses douleurs. Je suis descendu pour le délivrer de la main des Égyptiens, et pour le faire monter de ce pays dans un bon et vaste pays, dans un pays où coulent le lait et le miel, dans les lieux qu'habitent les Cananéens, les Héthiens, les Amoréens, les Phéréziens, les Héviens et les Jébusiens.» Ex 3, 7-8. Au peuple d'Israël qui a peur à cause de ses voisins qui sont des peuples puissants, Dieu leur demande de ne plus craindre, et qu'il est son sauveur. Le seigneur le dit à Israël : « Ainsi parle maintenant l'Éternel, qui t'a créé, ô Jacob! Celui qui t'a formé, ô Israël! Ne crains rien, car je te rachète, Je t'appelle par ton nom: tu es à moi! Si tu traverses les eaux, je serai avec toi; Et les fleuves, ils ne te submergeront point; Si tu marches dans le feu, tu ne te brûleras pas, Et la flamme ne t'embrasera pas. Car je suis l'Éternel, ton Dieu, Le Saint d'Israël, ton sauveur; Je donne l'Égypte pour ta rançon, L'Éthiopie et Saba à ta place. » *Esaïe 43, 1-3*. A ces paroles rassurantes du Seigneur, qui rappellent ce que Dieu disait lui-même, lorsqu'il disait qu'il allait revenir pour prendre le peuple d'Israël en main et en être le Berger; A ses paroles répondent des paroles du psalmiste qui se sent en sécurité sous la garde et dans la protection de Dieu. Voir *Ps 23, 1-4*.

Quand le croyant en difficulté pense que Dieu l'a abandonné dans la souffrance, Dieu le rassure. Dieu est toujours présent auprès de lui, et là encore la Parole de Dieu dit : « Sion disait: L'Éternel m'abandonne, Le Seigneur m'oublie! - Une femme oublie-t-elle l'enfant qu'elle allaite? N'a-t-elle pas pitié du fruit de ses entrailles? Quand elle l'oublierait, Moi je ne t'oublierai point. » *Esaïe 49, 14-15*. À Israël qui souffre de la déportation et dont l'avenir est bloqué, Dieu annonce et promet la libération. Ainsi parle le Seigneur Dieu : « Prophétise donc, et dis-leur: Ainsi parle le Seigneur, l'Éternel: Voici, j'ouvrirai vos sépulcres, je vous ferai sortir de vos sépulcres, ô mon peuple, et je vous ramènerai dans le pays d'Israël. Et vous saurez que je suis l'Éternel, lorsque j'ouvrirai vos sépulcres, et que je vous ferai sortir de vos sépulcres, ô mon peuple! Je mettrai mon esprit en vous, et vous vivrez; je vous rétablirai dans votre pays, et vous saurez que moi, l'Éternel, j'ai parlé et agi, dit l'Éternel. » *Ézéchiel 37, 12-14*. Dieu est Puissant. Il est le sauveur de son peuple, et l'a manifesté dans l'ancien testament en faveur de son peuple d'Israël.

• Dans le nouveau testament. Avec Jésus Christ, Dieu n'est plus loin de son peuple agissant de manière invisible ou par l'intermédiaire de ses prophètes, et de ses rois. Il réalise de manière concrète et personnelle ce qu'il a dit autrefois à Moïse : « J'ai vu la misère de mon peuple et je suis descendu pour l'en délivrer. » En effet, selon l'évangéliste Jean, « Au commencement était la Parole, et la Parole était avec Dieu, et la Parole était Dieu ». D'après le témoignage de Jean, la Parole de Dieu c'est Dieu Lui-même, c'est sa pensée profonde, c'est son cœur, autrement dit, c'est l'amour vivant et sauveur qui est en Lui. C'est ce Dieu puissant qui est venu dans ce monde pour manifester son amour au monde et mettre en œuvre sa puissance, son amour, pour sauver les hommes et leur accorder la plénitude du salut. Jésus dans l'évangile de Jean se présente comme le vrai Berger, le vrai Protecteur des hommes, avec lui les croyants sont en total sécurité, et il déclare : « Le voleur ne vient que pour dérober, égorger et détruire; moi, je suis venu afin que les brebis aient la vie, et qu'elles soient dans l'abondance. Je suis le bon berger. Le bon berger donne sa vie pour ses brebis. Je leur donne la vie éternelle; et elles ne périront jamais, et personne ne les ravira de ma main. Mon Père, qui me les a données, est plus grand que tous; et personne ne peut les ravir de la main de mon Père. Moi et le Père nous sommes Un. » *Jn 10, 10-11 ; Jn 10, 28-30.* Au début de son ministère public à Nazareth, Jésus déclare la raison de son envoi dans le monde par le père pour sauver les hommes : « L'Esprit du Seigneur est sur moi, Parce qu'il m'a oint pour annoncer une bonne nouvelle aux pauvres; Il m'a envoyé pour guérir ceux qui ont le cœur brisé, Pour proclamer aux captifs la délivrance, Et aux aveugles le recouvrement de la vue, Pour renvoyer libres les opprimés, Pour publier une année de grâce du Seigneur. » Luc 4, 18-19.

Pendant ce ministère Jésus appelle à lui, tous ceux qui souffrent, pour les libérer : « Venez à moi, vous tous qui êtes fatigués et chargés, et je vous donnerai du repos. ». En lui, Dieu est présent avec nous et pour nous, pour nous guérir de nos maladies, pour nous libérer des forces du mal, pour détruire nos péchés et détruire la souffrance… C'est ce Dieu Tout Puissant, Maître de la vie et de la mort qui est notre Dieu et notre Sauveur ; qui est avec nous et pour nous, ici-bas et dans l'au-delà, dans le temps et dans l'éternité. Il est notre bouclier, notre défenseur face aux forces du mal et aux forces de la mort. Voilà pourquoi, et c'est ce que démontre Jésus Christ en apaisant le vent et la tempête, car dans la mentalité sémitique, les forces du mal et toutes les forces opposées à Dieu sont dans l'eau. En apaisant les forces de la nature, les forces révoltées qui sont à l'intérieur de la mer, Jésus montre ainsi qu'il est le Maître de tout et que, ceux qui sont avec lui, même si ces forces se soulèvent, n'ont rien à craindre. Voilà pourquoi dans l'évangile de Marc 4, 35-41, au moment où la tempête se soulève, Jésus dort, (Marc en donne un symbole très significatif), on dit qu'il dort sur un coussin, cela veut dire, dormir sans crainte, sans aucune peur; et lorsqu'il se réveille et apaise la tempête, il dit aux apôtres : « … Pourquoi avez-vous ainsi peur? Comment n'avez-vous point de foi? » Dieu est grand et Dieu est Dieu, et tout le reste est créature. Avec ce Dieu fort et puissant à nos côtés, de notre côté, de quoi et de qui pourrions-nous avoir peur ? « L'Éternel est ma lumière et mon salut: De qui aurais-je crainte? L'Éternel est le soutien de ma vie: De qui aurais-je peur? ». Psaumes 27, 1. En effet, continue le psalmiste au Chapitre 91 : « Celui qui demeure sous l'abri du Très Haut Repose à l'ombre du Tout Puissant. Je dis à l'Éternel: Mon refuge et ma forteresse, Mon Dieu en qui je me confie! Car c'est lui qui te délivre du filet de l'oiseleur, De la peste et de ses ravages. Il te couvrira de ses plumes, Et tu trouveras un refuge sous ses ailes; Sa fidélité est un bouclier et une cuirasse. Tu ne craindras ni les terreurs de la nuit, Ni la flèche qui vole de jour, Ni la peste qui marche dans les ténèbres, Ni la contagion qui frappe en plein midi. Que mille tombent à ton côté, Et dix mille à ta droite, Tu ne seras pas atteint; De tes yeux seulement tu regarderas, Et tu verras la rétribution des méchants. Car tu es mon refuge, Ô Éternel! Tu fais du Très Haut ta retraite. Aucun malheur ne t'arrivera, Aucun fléau n'approchera de ta tente. Car il ordonnera à ses anges De te garder dans toutes tes voies; Ils te porteront sur les mains, De peur que ton pied ne heurte contre une pierre. Tu marcheras sur le lion et sur l'aspic, Tu fouleras le lionceau et le dragon. Puisqu'il m'aime, je le délivrerai; Je le protégerai, puisqu'il connaît mon nom. Il m'invoquera, et je lui répondrai; Je serai avec lui dans la détresse, Je le délivrerai et je le glorifierai. Je le rassasierai de longs jours, Et je lui ferai voir mon salut ». *Ps 91, 1-16.*

Mais comment Dieu nous protège-t-il ? Dieu protège les hommes, les croyants par sa personne. Comment ?

Lorsque Dieu, répondant à la foi, vient au secours des fidèles, il ne leur donne pas quelque chose pour se protéger ; c'est lui-même qui se donne et se constitue comme garant, protecteur, libérateur pour l'homme croyant. Tout son être de Dieu qui est Père, Fils et Esprit Saint est mis au service de l'homme et de son salut ; ainsi l'homme croyant est adossé au Dieu Père, source de toute puissance et de toute vie. Il est enraciné en lui solidement de manière définitive et éternelle, il se fonde sur Dieu le Père, qui a créé le ciel et la terre, qui a ressuscité Jésus Christ d'entre les morts et qui est la source de l'Esprit de puissance et de vie. Fondée sur ce Dieu, la vie du croyant est inébranlable dans toutes sortes d'épreuves. En croyant dans le Fils, le fidèle s'ouvre à l'être même de Dieu, en l'amour même de Dieu. En lui, Jésus Christ est Dieu lui-même en personne qui se fait son proche et son parent. « Tout pouvoir, dit-il m'a été donné au ciel et sur la terre et moi je suis à vous toujours jusqu'à la fin des temps ». Dans la bible, l'expression « ne crains pas », revient 366 fois. C'est comme si Dieu disait chaque jour de l'année au croyant « ne crains pas ». Lorsque le fidèle, par la foi accueil le Fils, c'est en même temps le Père et le Fils qui viennent demeurer chez lui. « Jésus lui répondit: Si quelqu'un m'aime, il gardera ma parole, et mon Père l'aimera; nous viendrons à lui, et nous ferons notre demeure chez lui. » Jean 14 :23. Dieu sauve le croyant par la puissance de son Esprit. L'esprit est l'énergie de vie qui est en lui. Par l'esprit, Dieu communique au croyant, la puissance de vie qui est en lui. Ainsi, le croyant est imprégné de son être et de sa puissance. En langage africain, on aurait dit, qu'il est totalement blindé. Dieu le Père, Dieu le Fils, Dieu l'Esprit prend le croyant et le cache en lui. Ainsi, parce que le croyant par la foi est en Dieu totalement, quiconque veut attaquer le croyant devra d'abord s'attaquer à l'Esprit Saint, tuer l'Esprit qui est puissance de vie qui tourbillonne entre le Père et le Fils, et quand il a tué l'Esprit Saint, il va s'attaquer à Dieu le Père, Dieu puissance éternelle, source de tout bien. Après avoir tué Dieu le Père, il va tuer Dieu le Fils ; et c'est après avoir tué le ressuscité, le glorieux dans la gloire, qu'il va s'attaquer maintenant au croyant ; ce qui est impossible. Nous sommes à l'abri de tout. L'on comprend alors la parole de l'apôtre Paul : « Que dirons-nous donc à l'égard de ces choses? Si Dieu est pour nous, qui sera contre nous? Car j'ai l'assurance que ni la mort ni la vie, ni les anges ni les dominations, ni les choses présentes ni les choses à venir, ni les puissances, ni la hauteur, ni la profondeur, ni aucune autre créature ne pourra nous séparer de l'amour de Dieu manifesté en Jésus Christ notre Seigneur. »

Quand nous sommes en communauté vivante et unie, nous nous protégeons mutuellement et c'est pour cela que dans les communautés, ou dans les familles, quand deux ou trois prient tous les autres sont protégés. Car par leur prière, ils se constituent comme un toit blindé et aucun missile ne peut y entrer. Par leur foi les chrétiens constituent les uns pour les autres les paratonnerres et protecteurs des uns des autres contre les attaques du mal, la souffrance, le malheur et la peur contre la solitude, car la véritable peur de l'homme, c'est d'être seul. Or par l'esprit, Dieu nous constitue parent des uns des autres. Et tant que nous sommes les uns à côté des autres nous n'avons plus peur du malheur, car le véritable malheur de l'homme c'est l'homme lui-même. L'homme sorcier, ce n'est pas seulement celui qui se transforme en hibou ; c'est l'homme qui ne veut pas le bien de son frère, c'est celui qui est malheureux quand son frère réussit.

Dieu accorde toujours sa protection aux fidèles, mais il en pose des conditions.

IV. CONDITIONS POUR ETRE PROTEGE ET MOYENS POUR ETRE PUISSANT CONTRE LES SORCIERS.

1- Les conditions pour être protégé.

La dimension négative.

Les attitudes à éviter :

☐ La peur : la peur, même si elle est humaine est la première attitude à éviter. La peur devant les sorciers et devant la sorcellerie est la première arme de ceux-ci. C'est un sentiment d'insécurité et d'impuissance, un sentiment d'être livré ou exposé à l'autre. Elle rend l'homme physiquement fragile. Le peureux est comme un arbre creux sans noyau. N'importe quel petit vent peut le terrasser. La peur, en elle-même peut provoquer des maladies et même la mort. C'est en pratique, le principe des serments comme le gôpô[4], des interdits et des totems. Quand l'on vous dit, votre totem c'est ceci et que vous le mangez, telle chose va vous arriver. Si vous êtes seul et que vous l'avez fait, la peur est dans le ventre et lorsqu'un petit bouton va apparaître, ce sera le signe que le début des hostilités a commencé. La peur produit l'autodestruction de l'individu par lui-même. Et les sorciers s'arrangent davantage à faire peur. Par exemple, au village, il y a des gens qui se mettent des produits dans les yeux pour les avoir rouges et en vous regardant, vous avez la chair de poule, c'est ça le principe.

☐ Au niveau de la foi : la peur est un sentiment provoqué par le manque de sentiment en Dieu. L'homme qui a peur, n'est pas sûr que Dieu va le protéger vraiment. Il doute de la possibilité et de l'efficacité de l'aide promise par Dieu. Il se sent à découvert, dangereusement exposé à l'ennemi. Avoir peur c'est douter de l'amour fidèle et efficace de Dieu.

☐ La double vie : elle consiste à rechercher secours auprès de Dieu et secours auprès des esprits. C'est l'attitude du chrétien palétuvier ; un pied dedans, un pied dehors, c'est dehors. Celui qui est caché derrière la termitière ne dépasse pas la termitière de sa tête, d'après un dicton. Or, ce sont ces fidèles tièdes que Dieu vomit. Comme il le dit dans l'apocalypse, ainsi parle le Témoin fidèle : « Je connais tes œuvres. Je sais que tu n'es ni froid ni bouillant. Puisses-tu être froid ou bouillant! Ainsi,

---

[4] Sinsin Bayo, *le chrétien face à la sorcellerie et aux pratiques traditionnelles et modernes de protection*, www.evangelistefidele.com

parce que tu es tiède, et que tu n'es ni froid ni bouillant, je te vomirai de ma bouche. »
Ap 3, 14-16.

☐ Donner prise à Satan : l'homme lui-même peut donner à Satan et aux forces du mal les moyens et les occasions d'entrer dans sa vie. Le démon et ses collaborateurs choisissent toujours un moment ou un lieu de faiblesse de chacun de nous pour entrer dans notre vie, cela pour nous avoir et nous détruire. Il peut s'agir de la cigarette, la boisson, la nourriture, l'argent, le sexe ou le pouvoir. Les terrains favorables à la pénétration des forces du mal sont :

☐ Un milieu familial de vie plongée dans l'idolâtrie, dans les sacrifices indirects (quand vous donnez de l'argent pour que les gens aillent faire ce qu'ils veulent faire) et les sacrifices directs (quand vous êtes obligés par les parents d'aller participer à des sacrifices)

☐ L'idolâtrie

☐ Les adorations de l'eau, des bois sacrés, de divinité ou de masques ☐ L'occultisme

☐ la procession des fétiches, des bagues de protection, talisman à prendre à minuit dans les cimetières ou à recevoir par la poste

☐ Les initiations exotériques, traditionnelles

☐ Les influences prénatales négatives, c'est-à-dire recherche d'enfants par des promesses à des divinités, à des esprits des eaux ou masques

☐ Les blessures intérieures entraînant manque de pardon et haine

☐ L'imposition des mains ; par cette imposition, on peut transmettre les mauvais esprits. Voilà pourquoi il n'est pas prudent de se faire imposer par tout venant, ou d'imposer les mains à tout venant sans discernement et préparation spirituelle préalable.

☐ Les paroles vaines

☐ Des serments ou paroles d'orgueil et de vanité

☐ Une famille, un individu sous le coup de la malédiction ou des pactes faits avec les puissances du mal

☐ Une vie dans la méchanceté et dans le mensonge ; à ce sujet, Paul nous avertit dans sa lettre aux Galates : « Or, les œuvres de la chair sont manifestes, ce sont l'impudicité, l'impureté, la dissolution, l'idolâtrie, la magie, les inimitiés, les querelles,

les jalousies, les animosités, les disputes, les divisions, les sectes, l'envie, l'ivrognerie, les excès de table, et les choses semblables. Je vous dis d'avance, comme je l'ai déjà dit, que ceux qui commettent de telles choses n'hériteront point le royaume de Dieu. » *Gal 5, 19-21.*

• Les attitudes à promouvoir pour être protégé par Dieu

La foi : c'est la seule véritable attitude à promouvoir. La foi est l'attitude par laquelle l'homme s'en remet totalement à Dieu, s'abandonne à lui et laisse Dieu être totalement Dieu dans sa vie. C'est l'attitude d'abandon par laquelle l'on laisse à Dieu de faire ce qu'il veut de notre vie. La confiance en Dieu met Dieu au devant de tout. Il devient ainsi notre bouclier, notre rempart, notre citadelle. Il nous protège totalement, corps et âme. « Prenez par-dessus tout cela le bouclier de la foi, avec lequel vous pourrez éteindre tous les traits enflammés du malin » *Eph 6, 16.*

La prudence : c'est une forme de sagesse. Elle est un fruit et un don de l'Esprit. Elle permet au croyant d'éviter et de s'exposer inutilement au danger et à l'ennemi. Ainsi, l'imprudence est une manière de narguer et de provoquer l'ennemi pour rien. Si dans un village on dit qu'on ne rentre pas avec une banane verte, n'y rentre pas par respect ; et si vous rentrez, entrer discrètement. Ne brandissez pas votre banane. Jésus lui-même, connaissant le monde et sa perversité, nous a recommandé d'être dans le monde où il nous envoie comme des agneaux au milieu des loups. « Il a recommandé d'être simple comme des colombes et prudent comme des serpents. » Mt 10, 16

La charité : La vie de charité est vie dans la communion avec Dieu. Qui demeure dans l'amour demeure en Dieu. La charité ne passe jamais. Elle constitue le bouclier du croyant. Cela vaut dans la tradition africaine où la charité est une puissante arme contre les sorciers.

L'humilité : C'est l'attitude par laquelle le croyant se décentre lui-même, reconnaît son néant et s'en remet totalement à Dieu. Il ne se met pas au-devant des choses, il laisse Dieu prendre les devants. C'est l'attitude par laquelle l'homme se creuse, se vide de son orgueil pour laisser Dieu prendre procession de sa vie.

La conversion : C'est le fruit de la reconnaissance de son tort, de son péché. Par elle, l'homme revient de son mal, de son mauvais chemin, s'en repend et revient à Dieu pour vivre dans la vérité et dans la sainteté.

**La vie sainte, la vie droite** : En laissant Dieu être Dieu dans sa vie, le croyant devient un homme nouveau et puissant, car il est revêtu de Dieu lui-même. Vivant sous la mouvance de Dieu, aucune puissance mauvaise ne peut l'approcher ni avoir une prise sur lui. La puissance irrésistible qui sort de lui et qui détruit toutes les forces de nuit vient de Dieu lui- même. Celui qui vit par Dieu et qui vit une vie droite est totalement habité par la puissance de Dieu et aucune puissance mauvaise ne peut alors le détruire. Il est en relation puissante avec Dieu. Dieu étant en lui et avec lui, il est alors persuadé qu'il n'a rien à craindre.

Les moyens pour être puissant contre les sorciers et forces du mal Se débarrasser de tout ce qui peut permettre à Satan d'entrer dans notre vie. Si vous voulez totalement être protégé par Dieu, il faut se débarrasser des fétiches, des ceintures, des bouteilles, des bagues, des coussins, des talismans, des livres qui nous lient avec les forces de la nuit. Garder tout cela, c'est encore laisser une clé de secours à Satan. Il faut rompre les pactes conclus avec Satan et arrêter de mener une vie de mensonge, de haine, de méchanceté, d'injustice et de corruption de toute sorte. Il faut se positionner pour Dieu, pour son Royaume et accomplir son œuvre. À ce sujet la parole de Jésus est claire : « Cherchez plutôt le royaume de Dieu; et toutes ces choses vous seront données par-dessus. Ne crains point, petit troupeau; car votre Père a trouvé bon de vous donner le royaume. ». _Luc 12 :31-32_

Vivre dans la vérité et dans la foi :

• La vérité dans l'offrande de soi, dans l'abandon à Dieu, sans hypocrisie ni retenue (ne mettez pas des parkings privés dans votre vie où Dieu ne doit pas stationner ; si vous faites cela, c'est en cet endroit que le Satan va garer).

• Être totalement à Dieu en vivant dans la foi. Le croyant est puissance de la puissance même de Dieu, or à Dieu il n'y a rien d'impossible. Jésus a promis cette puissance à ses disciples. « En vérité, en vérité, je vous le dis, celui qui croit en moi fera aussi les œuvres que je fais, et il en fera de plus grandes, parce que je m'en vais au Père. » Jean 14 :12. Jésus indique ainsi les signes de puissance par lesquels on reconnaîtra ceux qui croiront. Je cite : « Voici les miracles qui accompagneront ceux qui auront cru: en mon nom, ils chasseront les démons; ils parleront de nouvelles langues; ils saisiront des serpents; s'ils boivent quelque breuvage mortel, il ne leur fera point de mal; ils imposeront les mains aux malades, et les malades, seront guéris. » _Mc 16, 17-18._

• _**Utilisez l'épée de l'Esprit**_ : c'est la Parole de Dieu. Nous devons avoir constamment la Parole de Dieu dans notre bouche, dans notre corps, dans notre être, dans notre esprit. La Parole de Dieu doit être lue, digérée, assimilée pour qu'elle imprègne, pour qu'elle divinise le corps, l'être et toute la vie. Que cette parole assimilée et étant en nous lance des rayonnements vivants, lance des rayons divins autour de nous, détruise les forces du mal autour de nous ; que positivement, cette parole repende la vie, la sainteté, la gloire de Dieu en nous et autour de nous. La parole de Dieu investit le croyant d'une puissance et d'une force à laquelle rien ni personne ne peut résister et qui permet d'avoir l'assurance, la confiance en Dieu, en soi et résister à la tentation à toute peur.

• *__La prière__* : c'est l'arme fatale qui détruit Satan et les sorciers. La prière que nous faisons est la puissance de Dieu que nous mettons en branle. Habitée par l'Esprit, la prière est une sorte de missile continentale, intercontinentale, interstellaire, interplanétaire. Grâce à la prière, non seulement vous habitez au cœur de Dieu et au cœur du mystère trinitaire de Dieu, mais vous êtes investis par lui, vous traversez les océans. Vous traversez les continents pour frapper, pour détruire Satan, les sorciers et leurs œuvres, là où ils exercent leurs actions. Par la prière, dans la foi en Dieu, vous pouvez, investis par la puissance de Dieu, atteindre le QG du diable, dans les contrées célestes. C'est ce que Jésus Christ nous dit et nous garantit quand il parle à Pierre : « Et moi, je te dis que tu es Pierre, et que sur cette pierre je bâtirai mon Église, et que les portes du séjour des morts ne prévaudront point contre elle. Je te donnerai les clefs du royaume des cieux: ce que tu lieras sur la terre sera lié dans les cieux, et ce que tu délieras sur la terre sera délié dans les cieux. »

Le croyant n'est pas laissé à lui-même, exposé à l'air libre, livré, impuissant aux forces du mal. Il est caché en Dieu qui est Père, Fils et Esprit Saint. Mais pour être efficacement protégé, il doit se donner à Dieu par la foi et mener une vie droite, sainte, qui empêche les forces du mal d'avoir l'emprise sur lui et lui permet de briser les forces du mal. Voici une des prières du psalmiste qui est en même temps une bénédiction: « Cantique des degrés. Je lève mes yeux vers les montagnes... D'où me viendra le secours? Le secours me vient de l'Éternel, Qui a fait les cieux et la terre. Il ne permettra point que ton pied chancelle; Celui qui te garde ne sommeillera point. Voici, il ne sommeille ni ne dort, Celui qui garde Israël. L'Éternel est celui qui te garde, L'Éternel est ton ombre à ta main droite. Pendant le jour le soleil ne te frappera point, Ni la lune pendant la nuit. L'Éternel te gardera de tout mal, Il gardera ton âme; L'Éternel gardera ton départ et ton arrivée, Dès maintenant et à jamais. » Ps 121, 1-8. Que dans le nom puissant de Jésus Christ, qu'il en soit ainsi pour chacun d'entre vous, aujourd'hui, demain et pour des siècles éternels. AMEN.

Ce qui nous amène à nous poser les questions suivantes :

1. La charité est l'arme des forts, mais aujourd'hui, à cause de nos faiblesses, la charité devient un danger pour les uns et les autres. Certaines personnes utilisent ce qu'elles ont reçu par charité pour faire du mal. Alors, pouvons-nous avoir des éclaircissements que nous devons pratiquer ?

2. On nous dit souvent que l'âme est immortelle, on ne peut tuer l'âme, en quoi dites-vous que les sorciers mangent l'âme ? Qu'est-ce qui est mangé exactement ?

3. Qu'est-ce qu'un revenant ?

Les réponses que nous suggérons à ces interrogations sont les suivantes :

1. La charité est l'instrument contre la sorcellerie, nous l'avons dit. Mais, certains utilisent le bien matériel qu'on leur fait contre le donateur. Je sais que même si le sorcier peut utiliser le bien qu'on lui fait pour faire du mal à celui qui a fait le bien, ce qui est important ici, et c'est peut-être là que nous avons à grandir notre foi dans le conteste africain, c'est que la foi en Dieu et la vie de charité nous met en communion avec Dieu, quel que soit ce que l'on peut faire sur vous. Malgré l'acte de charité que vous avez posé, ce que le sorcier peut faire c'est de ruiner votre corps, mais il ne peut pas détruire la communion de vie que vous avez avec Dieu. La véritable victoire du croyant sur le sorcier, c'est de tout faire et cela malgré la souffrance que le sorcier peut lui imposer, qu'il ne rentre jamais dans la logique du sorcier. La première victoire et la véritable, c'est de dire, je demeure en communion avec Dieu et je continue de faire le bien. Même s'il arrivait que le sorcier ait une certaine victoire sur l'homme et qu'il meurt, la mort physique n'est pas une victoire. En fait au-delà de tout ce qui peut être détruit comme corps, ce que Satan, le diable (diabolaïm : c'est diviser) veut faire, c'est nous amener à aller vers lui par la peur et abandonner Dieu. Et c'est pour cela que même dans la mort du croyant qui est resté fidèle à Dieu, il y a une véritable victoire parce que le diable n'a pas réussi à le couper de Dieu, il est resté jusqu'au bout. Si vous faites le bien et que quelqu'un veut utiliser ce bien pour faire le mal, c'est maintenant lui de son côté, le mal qu'il fait avec ce que vous avez, comme dit Paul « Les charbons ardents qu'ils amassent sur sa propre tête », et c'est maintenant le jugement et pas plus tard. Celui qui rend en mal ce que vous lui avez fait en bien, celui-là se met en position négative et se détruit, le jugement est déjà prononcé par lui et pour lui. De façon contraire, quand vous voulez faire un don, il faut prier et demander à Dieu de bénir le don que vous faites pour que si quelqu'un veut le retourner contre vous, que cela ne

soit pas retourné contre lui, mais que la grâce de Dieu neutralise cette force et que la personne puisse se convertir au besoin.

2. En fait ce n'est pas l'âme que le sorcier mange. Dans l'anthropologie il y a plusieurs éléments : la peau, la chair, l'ombre, le double, la force vitale, l'âme. Ce que le sorcier prend pour ajouter au sien c'est la force vitale, c'est l'énergie de vie que le sorcier prend. Nous remarquons que cette personne maigrit de jour en jour et dit qu'ils l'ont attachée. Nous rejoignons la parole de Dieu qui dit : « Ne craignez pas ceux qui tuent le corps et qui ne peuvent tuer l'âme; craignez plutôt celui qui peut faire périr l'âme et le corps dans la géhenne. » (*Matt 10 :28*). Si vraiment nous vivons dans la foi, en principe le seigneur nous protège, mais si dans sa bonté il permet que tel ou tel puisse nous atteindre c'est à lui seul de décider. Nous sommes à lui car il peut utiliser le mal qui nous arrive pour nous faire grandir dans la foi et pour réaliser son œuvre de salut. Il faut, dans la foi interne, pour mûrir et être vraiment chrétien, pouvoir intégrer le mystère de la souffrance ; mais affronter la souffrance non pas dans la résignation mais dans la foi. Mettons toutes ces souffrances dans le calice de Jésus Christ et lui-même va les transformer par la puissance de l'Esprit en pluie de grâces qu'il va rependre sur nous et sur le monde et en faire l'occasion du salut du monde. C'est pour cela, l'apôtre Paul dit : « Je me réjouis maintenant dans mes souffrances pour vous; et ce qui manque aux souffrances de Christ, je l'achève en ma chair, pour son corps, qui est l'Église. » (*Col 1 :24*).

3. Les revenants en fait, pour faire court par rapport à notre foi chrétienne et surtout en notre foi en la résurrection de Jésus, ce que les revenants nous font saisir, c'est qu'en fait après la mort pour nous africains et pour la plupart des cultures africaines, la vie et notre vie ne finit pas avec la mort. Il y a une vie et vie réelle après la mort premier point, deuxième point c'est que quand nous mourrons, c'est vrai notre corps chair, notre corps ombre comme nous avons dit le double qui reste ici tout cela disparaît, mais le double astral, le double spirituel que nous avons et qui demeure après la mort et qui manifeste notre identité le fait que chacun de nous reste ce qu'il est reconnaissable dans l'au-delà, que nous demeurons ce que nous sommes mais de façon transformé et transfiguré après la mort. C'est pour cela que quand quelqu'un meurt, il peut apparaître à quelqu'un et généralement la personne apparaît de sorte qu'on puisse la reconnaître soit par la voix, soit par un habit, dans tous les cas on reconnaît la personne. Troisième point à propos des revenants surtout avec les traditions ou on met des aliments dans la maison pour dire qu'il va revenir, c'est simplement pour dire que non seulement les morts sont vivants, que les morts sont avec nous identiques dans ce qu'ils ont été, mais

qu'ils restent enliés avec nous, en communion avec nous. Et c'est cette communion qui fait que souvent il y a quand quelqu'un meurt surtout quand vous êtes attaché à la personne, la personne manifeste sa présence et on dit en langue il dit au revoir. C'est le signe de la communion et je crois que le fait que Jésus soit ressuscité, mais seulement l'impasse ou la foi chrétienne vient nous éclairé c'est que dans la foi ou dans les croyances africaines les revenants on ne sait pas trop où ils sont, on dit souvent qu'ils vivent pour ceux qui sont en Côte D'Ivoire au Ghana on ne sait pas si c'est des réfugiés ou ils sont ailleurs et mènent une autre vie, ou ils vont chez les ancêtres ou alors on le voit avec son petit ballot avec son paquet en main mais toujours la tête baissée. Et puis, ce contact avec le revenant n'est jamais un contact tranquillisant. Lorsque vous voyez ou bien si vous ne voyez rien du tout, et que par inadvertance vous êtes en face d'un revenant, il vous bouscule pour dire sa force d'être spirituel, il vous bouscule pour que vous quittiez le chemin parce que vous n'êtes plus de sa sphère. Il est plus puissant que vous. C'est toujours souvent une rencontre conflictuelle et un peu dangereuse. Et la foi chrétienne vient nous dire que la vie après la mort n'est pas une affaire de revenants seulement, qu'il y a une vie réelle que Dieu donne, qu'il y a une résurrection qui n'est pas réanimation de cadavre, qui n'est pas simple vie où l'on vivote ici et là quelque part dans un pays voisin, mais qu'il y a un lieu je veux dire un état, une relation ; nous sommes avec Dieu dans la gloire et tous ceux que nous avons connus, aimés, côtoyés ; et dont les noms sont dans le livre de vie, sont là dans la gloire et nous attendent pour la fête éternelle qui ne prendra pas fin.

CONCLUSION

La réalité de la sorcellerie, qu'est-ce qu'elle signifie ? Comment elle se pratique ? Comment, de façon traditionnelle et moderne les gens tentent de se protéger ?

Pour comprendre ce sujet, il faut le mettre dans le contexte où nous sommes. Nous le constatons ici dans notre paroisse, dans la plupart de nos communautés chrétiennes et dans nos diocèses en Afrique, nous nous rendons compte que l'église est vivante et croissante. Chaque année il y a beaucoup de baptisés adultes comme jeunes, également beaucoup d'engagés ; mais ce que nous remarquons au-delà de cet engagement, c'est que la plupart de ceux qui viennent à l'église ont l'impression ou donnent l'impression d'être mal à l'aise. Nous constatons que même les gens que nous croyons être les premiers chrétiens , c'est-à-dire les plus engagés, lorsque les difficultés surgissent dans la vie, il y a une duplicité de comportements, une attitude double ; beaucoup de gens viennent à l'église et pratiquent des rites, participent aux célébrations , et en même temps quand les maladies, les échecs, les souffrances, les menaces commencent à peser sur eux, on les voit aller nuitamment ou de jour chez les féticheurs, chez les devins et les marabouts ; et on dit bien c'est vrai que nous sommes croyants, que nous sommes baptisés et que le Christ nous protège, mais après tout nous sommes africains. Ce mot africain, sous-entend que nous avons nos racines ; deux protections valent mieux qu'une, il vaut mieux être protégé par Jésus-Christ, par la puissance de l'Esprit Saint et en même temps par les esprits, les ancêtres. Alors cette situation nous interpelle et c'est pour cela que nous voudrions, étant donné que le fond de notre foi, qui fait la différence d'avec la plupart sinon d'avec toutes les religions qui nous entourent, c'est que, « Il n'y a de salut en aucun autre; car il n'y a sous le ciel aucun autre nom qui ait été donné parmi les hommes, par lequel nous devions être sauvés. ». Actes 4, 12.

Alors si Jésus-Christ est réellement le seul sauveur, pouvons-nous vraiment compter sur lui ? Car nous savons, qu'en tant que chrétien africain nous vivons dans le monde comme tous les autres et comme eux, nous sommes confrontés au problème de la sorcellerie. La sorcellerie, à moins d'avoir été élevé en Europe ou ailleurs est une réalité évidente en Afrique ; et ceux qui veulent narguer les anciens, qui veulent narguer ce monde en payent souvent sévèrement le prix. Nous ne disons pas qu'il faille trembler tout le temps devant les forces du mal, mais du fait que ces forces existent, nous disons que l'expérience a montré que c'est un fait : la sorcellerie constitue hier comme aujourd'hui un danger, une menace permanente qui pèse sur tous les membres de nos communautés familiales, villageoises…. Personne n'est vraiment à l'abri des maladies incurables, à l'abri des accidents insolites, à l'abri des carrières professionnelles brillantes subitement brisées de manière inexplicable. Personne n'est à l'abri aussi, et beaucoup en font l'expérience, des blocages, des échecs, des dilapidations incompréhensibles des biens ; certains travaillent depuis des années et le compte est toujours au bord du rouge, ils n'arrivent pas du tout à réaliser quelque chose de concret. Tout cela fragilise l'homme et fait peur. Personne n'ose aller au village de peur de voir son arrêt de mort être prononcé. La plupart des cadres qui dans certains lieux ont essayé l'inauguration de leur maison, la cérémonie a souvent coïncidé avec leurs propres funérailles.

Face à ce mal qu'est la sorcellerie, les non-chrétiens se protègent de diverses manières ; et comme nous le disions, autant l'Afrique traditionnelle propose à l'africain des moyens pour lutter contre les sorciers, les jeteurs de sort et autres malfaiteurs du monde occulte ; autant l'église demande aux fidèles africains de tout abandonner de cette protection traditionnelle, et autant paradoxalement elle ne semble rien proposer de concret en retour. Pendant que les autres se blindent, l'église invite ses fidèles à compter sur Dieu et sur Dieu seul ; cela pose de graves problèmes à de nombreux chrétiens. Compter sur Dieu seul certes, mais le chrétien est-il sûr d'être concrètement protégé par Jésus Christ, par son Église ? Contre les attaques des sorciers, contre les jeteurs de sort, est-on sûr d'être à l'abri ? Que doit-il faire, face aux menaces, aux attaques des sorciers ? Est-il sûr que quelque part l'Église et surtout Jésus Christ va faire quelque chose, et comment ? C'est à ces diverses questions que nous voulons donner des réponses en s'appuyant sur Dieu.

BIBLIOGRAPHIE

La relation entre le christianisme et la sorcellerie a été largement étudiée, et plusieurs ouvrages académiques et populaires traitent de ce sujet. Voici quelques références clés pour explorer cette thématique :

1. **"Witchcraft and Magic in Europe: The Middle Ages"** (Bengt Ankarloo and Stuart Clark, Editors)

   - Ce livre fait partie d'une série qui examine la sorcellerie et la magie à travers les âges, avec un accent particulier sur la période médiévale européenne.

2. **"The Witch-Hunt in Early Modern Europe"** (Brian P. Levack)

   - Une analyse approfondie des chasses aux sorcières en Europe moderne, mettant en lumière l'interaction entre la religion chrétienne et les accusations de sorcellerie.

3. **"Religion and the Decline of Magic"** (Keith Thomas)

   - Une étude classique sur la manière dont la croyance en la magie a décliné en Angleterre à mesure que le christianisme protestant prenait de l'importance.

4. **"The Devil's Dominion: Magic and Religion in Early New England"** (Richard Godbeer)

   - Ce livre explore la relation entre la sorcellerie et le christianisme dans le contexte des premières colonies américaines.

5. **"The Malleus Maleficarum"** (Heinrich Kramer and James Sprenger)

   - Aussi connu sous le nom de "Marteau des sorcières", ce traité de sorcellerie écrit par deux inquisiteurs dominicains au XVe siècle est une source primaire essentielle pour comprendre la persécution des sorcières dans l'Europe chrétienne.

6. **"Witchcraft in Europe, 400-1700: A Documentary History"** (Alan Charles Kors and Edward Peters, Editors)

   - Une collection de documents historiques qui couvre les attitudes envers la sorcellerie depuis les premiers temps du christianisme jusqu'à la fin des chasses aux sorcières.

7. **"The Devil in the Shape of a Woman: Witchcraft in Colonial New England"** (Carol F. Karlsen)

   - Une analyse des procès de sorcellerie en Nouvelle-Angleterre, mettant en lumière les rôles de genre et les dynamiques religieuses.

Ces ouvrages offrent une base solide pour comprendre comment le christianisme a influencé les perceptions et les réactions à la sorcellerie à travers les siècles.

Printed by Books on Demand GmbH, Norderstedt / Germany